AF266410

LE DIVORCE DE NAPOLÉON

ET

L'ABBÉ DE MONTESQUIOU

AUCH

IMPRIMERIE ET LITHOGRAPHIE G. FOIX, RUE BALGUERIE

—

1895

LE DIVORCE DE NAPOLÉON

ET

L'ABBÉ DE MONTESQUIOU

AUCH

IMPRIMERIE ET LITHOGRAPHIE G. FOIX, RUE BALGUERIE

—

1895

LE DIVORCE DE NAPOLÉON

ET

L'ABBÉ DE MONTESQUIOU

———

En 1809, l'abbé de Montesquiou vivait à Paris dans une retraite relative. S'il ne fréquentait que les salons de la très timide opposition royaliste subsistant encore, il n'en était pas moins bien placé pour être renseigné sur ce qui se passait à la Cour.

Seul de sa famille, il n'avait pas embrassé en 1789 ce qu'on appelait les idées nouvelles. Son tuteur et cousin, le marquis de Montesquiou, commandant de l'armée de Savoie en 1792, mort en 1798, avait laissé un fils contemporain de l'abbé. Ce fils était grand chambellan de Napoléon, et le mari de la future gouvernante du Roi de Rome. La différence d'opinions n'avait pas altéré l'amitié qui unissait les deux branches de la famille. Plus près de l'abbé et malgré son opposition, son propre neveu, futur héritier de son titre et de sa pairie, Aimery de Montesquiou-Fezensac, officier déjà distingué, blessé à Aspern et chef d'escadron à 25 ans, avait épousé la fille du ministre de la guerre de Napoléon [1]. Entre l'oncle et le neveu, la brouille n'avait pas été longue.

La lettre qui suit, écrite au lendemain du divorce à un parent établi en Gascogne, est donc d'un homme bien informé. L'amertume qui perce à chaque ligne contre le gouvernement impérial, le clergé et les *ralliés* de l'époque, rend plus saisissant encore l'éloge de Joséphine par ce témoin peu suspect de son éphémère grandeur.

Duc DE FEZENSAC.

L'abbé de Montesquiou au comte de M...

« Paris, le 22 décembre 1809.

» ..... Que puis-je vous dire de ces grandes nouvelles qui occupent Paris et les provinces ? Le rapport du ministre de l'intérieur vous a dévoilé tous les secrets de l'Europe, et le dernier Sénatus-consulte vous a initié dans toutes les affections *(sic)* de la Cour.

» Vous voyez le sort de la Hollande, de la Pologne, de la Turquie et celui du Pape. Vous dirai-je les vains propos des oisifs de Paris : que la Hollande est inquiète de sa dette publique, que la Pologne ne se console pas de tant d'espérances déçues, que la Turquie doit se croire menacée, tandis que la Russie ne peut se satisfaire de l'incertitude de nos projets sur des domaines qu'elle envie depuis si longtemps. Mais quelques lignes du *Moniteur* feront justice de cette savante politique, il en sera de même des difficultés qui affectent nos beaux esprits sur les affaires du Pape. On demande ce que devient le pouvoir de l'Eglise qui a remis au Pape l'institution des premiers pasteurs sans une autorité égale à celle qui a établi ce régime. Comment juger les refus du Pape sans l'entendre, et comment le dépouiller sans une autorité compétente ? On demande où sera le centre d'unité s'il n'y a point un chef de l'Eglise, ou s'il peut y en avoir un lorsque des évêques peuvent à volonté mécon-

____

(1) Le duc de Feltre.

naître son autorité. Mais au milieu de tous ces beaux raisonnements, la Consulte travaille et décide; on sait déjà par le cardinal Mauri qu'elle est d'accord sur tous les points, et comme il blâmait d'avance la conduite du Pape, la trouvant également bête et scandaleuse, on peut prévoir que le *Moniteur* terminera bientôt tous ces débats, et que nous saurons ce qu'il y a de vrai dans le Ciel comme sur la terre.

» Parlons donc d'un objet qui est plus à notre portée et que les journaux ont livré aux plus doux sentiments de notre cœur, je veux dire cette déchirante et courageuse séparation qui a tant attristé le cœur de l'Empereur et que le soleil n'a pas éclairé une seconde fois. Tout ce que les journaux vous ont fait entrevoir de la douleur des deux époux, le ton lugubre des orateurs, la brièveté de leurs discours et le silence des assistants ne peuvent vous en donner qu'une faible idée. On sait qu'ils avaient dîné tête-à-tête, et que, après le repas, l'Empereur mena son auguste compagne dans une salle qui devait être témoin de tant de larmes et où la famille Impériale était déjà réunie.

» L'archichancelier et le conseiller Regnaud ayant été introduits, l'Empereur prononça le discours que vous avez lu dans le *Moniteur*; l'Impératrice essaya de prononcer le sien; mais, les larmes la suffoquant, elle se trouva mal, et il fallut l'emporter dans son appartement. L'Empereur l'y suivit et la ramena ensuite; mais vainement essaya-t-elle de reprendre ce fatal discours; les larmes l'accablant encore, il fallut le remettre au conseiller Regnaud dans la crainte d'un second évanouissement; mais la sensibilité étouffant aussi ce pauvre conseiller, et ses sanglots l'empêchant de continuer, M. Cambacérès saisit enfin le fatal écrit et parvint à remplir ce cruel ministère.

» L'Empereur ayant dit ensuite que l'Impératrice recevrait le soir sa famille, tout le monde se retira dans un morne silence. Le soir, en effet, toute la famille Impériale se rendit chez l'Impératrice, visite pénible sans doute puisque c'était l'adieu de sa grandeur passée et *rien moins que le partage de sa douleur*.

» Le lendemain elle reçut toutes ses dames. On dit que, se voyant pour la dernière fois au milieu de tout ce qui avait fait sa gloire et sa fortune, elle ne songea qu'à leur rappeler l'emploi qu'elle en avait fait, et que, les larmes inondant tous les visages, ce ne fut bientôt qu'une scène de regrets et de sanglots. L'Empereur arrivant au milieu de cette scène ne put lui refuser ses pleurs. Enfin, le moment de la séparation arrivé, les deux époux partirent, l'une pour se rendre à La Malmaison, l'autre à Trianon avec sa famille. On dit que l'Impératrice aura sur la cassette particulière deux millions de plus qu'il ne lui est accordé sur le Trésor public, qu'elle habitera La Malmaison quand l'Empereur sera à Paris, et le beau château de Lacken, près de Bruxelles, quand il sera absent, qu'elle aura six dames de compagnie et une dame d'honneur.

» Mais vous jugez bien que les regards du public se portent moins sur sa retraite que sur la personne qui doit lui succéder; on nomme une jeune princesse de Russie, sœur de l'empereur Alexandre, qui satisferait à la fois la politique et la théologie, car vous jugez bien que l'on est trop en train de parler du Pape pour ne pas chercher quelques difficultés sur la cassation ou le remplacement d'un mariage fait devant l'Eglise; je vous fais grâce de ces savantes discussions, parce que le clergé mettra certainement tout le monde d'accord et ne refusera ni la rosée du ciel ni la graisse de la terre à la jeune mortelle appelée à de si hautes destinées.

» Vous me pardonnerez, Monsieur, d'avoir attristé votre retraite par le détail de toutes ces infortunes qui ne m'ont pas paru indignes de votre sensibilité. La mienne, je l'avoue, est émoussée depuis long-temps, et il ne me reste que la philosophie d'un juif Polonais qui nous vendait des bonbons au collège, et qui, parlant un jour du roi de Pologne qu'on voulait détrôner nous rassu... tous en nous disant qu'il aurait toujours un bon dîner. Cette consolation n'est pas fort relevée, mais n'oubliez pas que vous chantiez dans votre jeunesse :

> Loin de la Ville et de la Cour,
>   C'est à l'ombrage
>   D'un vert feuillage
> Qu'on goûte la paix et l'amour.

» Ne croyez pas, cependan', que je sois insensible à la disgrâce d'une femme dont on honorait la bonté. Elle a eu raison de dire à ses dames qu'elle se flattait de n'avoir fait de mal à personne et d'avoir rendu quelques services; elle pouvait dire qu'elle en avait rendu beaucoup, et, en effet, je ne sais s'il est jamais arrivé à personne dans une telle position d'attirer à soi par sa réputation de bonté les plaintes ou les demandes de tous les malheureux, de n'en avoir jamais rejeté une seule, de n'en avoir jamais paru importunée, et de faire dire de soi en partant qu'il ne reste plus personne à qui s'adresser. Mon témoignage est gratuit, car je n'ai jamais eu recours à son obligeance; mais tant de personnes en ont été secourues qu'il n'est permis à aucune de lui refuser cet hommage.

» Il paraît que sa place sera plus tôt remplie qu'on ne l'avait cru d'abord; on parle déjà d'un grand personnage parti pour la Russie; d'autres

veulent que Madame-Mère soit sur le point d'aller à Rome pour y
chercher la fille de M. Lucien; ce dernier établisseme   l'objet des
vœux de la famille. Quoi qu'il en soit, le public ne ser   gtemps
dans l'incertitude, puisque les dames du palais ont reçu une circulaire
pour leur annoncer que leurs appointements cesseront au premier
janvier; ainsi il y aura un nouveau palais, et il ne se fera pas attendre.
Madame de la Rochefoucauld avait déjà donné sa démission de dame
d'honneur; elle reste auprès de l'Impératrice comme sa parente et son
amie. Bien des gens croient qu'on veut composer ce nouveau palais
des plus grands noms de l'ancien régime, mais c'est une erreur; il y
aura de l'ancien et du nouveau. Mais c'est abuser de votre bonté que
de vous entretenir si longtemps de ces bavardages, la retraite leur
donne trop d'importance; vous me pardonnerez cependant de troubler
la vôtre. Croyez, je vous prie, que j'aimerais mieux vous parler des
regrets qu'elle m'a laissés, du désir de m'y retrouver, de l'espoir d'y
mener l'année prochaine un de mes amis et surtout de mes sentiments
pour vous, quoique vous en connaissiez toute la sincérité et toute
l'étendue.

» L'Abbé de Montesquiou. »